LA GUERRA DE PALESTINA DE 1948

El inicio del conflicto palestino-israelí

Por Camille David
En colaboración con Mathieu Beaud
Traducido por Marina Martín Serra

Historia · en50MINUTOS.es

LA GUERRA DE PALESTINA

DATOS CLAVE

- **¿Cuándo?** Del 15 de mayo de 1948 al 20 de julio de 1949
- **¿Dónde?** En Israel y en Palestina
- **¿Contexto?** El conflicto árabe-israelí
- **¿Beligerantes?** Israel contra una coalición formada por Egipto, Irak, Transjordania, Siria, Líbano y Arabia Saudí
- **¿Actores principales?**
  - Abdalá I, rey de Jordania (1882-1951)
  - David Ben Gurion, hombre político israelí (1886-1973)
- **¿Resultado?** Victoria israelí
- **¿Víctimas?**
  - Bando judío: alrededor de 4000 soldados y 2400 civiles muertos
  - Bando palestino: entre 12 000 y 20 000 civiles y militares muertos
  - Bando árabe: alrededor de 4000 soldados muertos

INTRODUCCIÓN

Conflicto mayor de nuestra época, las tensiones entre palestinos e israelíes y árabes e israelíes son un asunto constantemente de actualidad. Entre reactivaciones del proceso de paz, fracasos de las negociaciones y atentados, la situación parece que no mejora. Las hostilidades empiezan en 1947 y se manifiestan a través de varias guerras entre Israel y una coalición formada por varios estados árabes en 1948 (guerra de Palestina), 1956 (guerra de Suez), 1967 (guerra de los Seis Días), 1973 (guerra de Yom Kipur), 1982 y 2006 (primera y segunda guerra del Líbano).

El primer conflicto, llamado la «guerra de Palestina», sigue a la guerra civil (1947-1948) que enfrenta a judíos y palestinos en razón del futuro territorial de Palestina después de la retirada de las fuerzas británicas, mandatarias del país desde 1922. Los judíos, llegados en masa a Palestina desde el inicio del siglo XX, reivindican la creación de un Estado de Israel, pero los palestinos se oponen con vehemencia. Las tensiones entre las dos comunidades no cesan de aumentar. Sin embargo, la situación deriva hacia la ventaja de los israelíes y el 14 de mayo de 1948 el jefe sionista David Ben Gurion proclama la independencia del Estado de Israel. La invasión de Palestina es entonces decretada por las naciones árabes vecinas, que están decididas a poner fin a las reivindicaciones sionistas en la región. De este modo comienza la guerra de Palestina, que enfrenta a partir de mayo de 1948 a las fuerzas judías de Israel contra una coalición formada por Transjordania, Egipto, Siria e Irak, y que conduce al Armisticio de Rodas, firmado el 24 de febrero de 1949.

CONTEXTO POLÍTICO Y SOCIAL

UNA PALESTINA BAJO MANDATO BRITÁNICO DE 1922 A 1948

Palestina, que anteriormente formaba parte integrante del Imperio Otomano, se convierte oficialmente en protectorado de Gran Bretaña en 1922.

Mientras que el resultado de la Primera Guerra Mundial (1914-1918) es todavía incierto, los franceses y los británicos participan en el desmantelamiento del vasto Imperio Otomano y firman en secreto en 1916 el acuerdo Sykes-Picot, que prevé el reparto del control de Oriente Próximo entre las dos potencias coloniales. Pero la Sociedad de las Naciones (organización internacional creada al final de la Primera Guerra Mundial para hacer respetar la justicia y el derecho internacional y prohibir la guerra) no atribuye oficialmente el mandato necesario para que Gran Bretaña administre Palestina hasta julio de 1922. A partir de ese momento, Londres debe enfrentarse a la difícil convivencia entre la comunidad árabe local y los judíos que provienen esencialmente de Europa y que llegan en masa desde finales del siglo XIX. Esta inmigración se intensifica a principios del siglo XX con el desarrollo del sionismo político.

¿SABÍAS QUE...?

El sionismo es un movimiento político que preconiza la creación de un Estado judío en Palestina. Las reivindicaciones sionistas —la voluntad de crear un hogar nacional judío— son enunciadas por el periodista austrohúngaro Theodor Herzl (1860-1904) en el congreso de Basilea en 1897, la primera reunión internacional del movimiento. El pueblo judío elige entonces los territorios del reino del Israel bíblico como lugar donde podría protegerse del antisemitismo creciente de la época. En ese momento se crea también un fondo nacional judío, con el objetivo de comprar tierras en ese territorio.

En 1917 Arthur James Balfour (1848-1930), ministro de Asuntos Exteriores británico, afirma en una carta dirigida al barón de Rothschild (1868-1937), vicepresidente del Comité de diputados judíos, que el gobierno inglés propone crear en Palestina un hogar nacional judío, preconizando de esta forma el retorno de los judíos a sus tierras históricas. Aunque esta declaración desata en un primer momento el apoyo británico al movimiento sionista, al estar a cargo de la región los británicos deben tener en cuenta, en un segundo momento, los intereses de los habitantes árabes y la opinión de los países vecinos. En 1915, Londres ya había prometido al rey egipcio Hussein ibn Ali (*circa* 1856-1931) a través de Henry McMahon (1862-1949), el Alto Comisario británico de Egipto, la independencia y el control de los territorios que se habrían liberado del yugo otomano. A partir de ese momento, el territorio palestino se vuelve objeto de todo deseo.

La emigración de los judíos hacia Palestina toma cada vez una mayor dimensión en los años treinta, reforzada por el acceso al poder de Adolf Hitler (hombre de Estado alemán, 1889-1945) y por la aplicación de su política antijudía: pogromos, estigmatización, creación de guetos, deportación y exterminio se suceden y provocan un éxodo masivo. La población judía presente en el territorio alcanza el 28 % en 1940. Esta importante afluencia continúa después de la Segunda Guerra Mundial (1939-1945) y no sin fricciones: conflictos, huelgas y hostilidades se desencadenan con los palestinos entre 1920 y 1947 y la violencia no para de aumentar entre las dos comunidades. Pero desde 1945, los británicos se oponen cada vez más a la inmigración judía, como lo demuestra en julio de 1947 el asunto del *Exodus*, un navío que transportaba 4500 judíos que los británicos interceptan en las puertas de Palestina y mandan de vuelta a Francia y Alemania.

Además de las tensiones perceptibles entre árabes y judíos, tienen lugar incidentes contra el colonizador británico, con la Gran Revuelta de 1936 a 1939 como punto culminante, una insurrección que pretende establecer una nación árabe palestina, que será violentamente reprimida por las milicias sionistas. Como reacción contra el levantamiento, Gran Bretaña intenta encontrar una solución promulgando una serie de leyes llamadas «el Libro Blanco» (1939) que preconizan una Palestina unitaria, independiente y gobernada por los árabes y los judíos, limitando la inmigración sionista. Las medidas previstas no satisfacen a ninguna de las dos comunidades e incluso provocan nuevos incidentes. Frente a esta nueva escalada de violencia, los británicos intentan encontrar una solución al problema. Entonces, en julio de 1946, se publica un informe que prevé una modificación del

«Libro Blanco»: concibe un plan de partición de Palestina en dos provincias autónomas cuyos intereses colectivos estarían gestionados por una potencia extranjera mandataria. Pero las discrepancias persisten y no parece que haya ninguna solución satisfactoria para ambas partes. Además, mientras que el proceso de descolonización empieza en Oriente Medio, los británicos anuncian su próxima retirada de Palestina el 18 de febrero de 1947. Puesto que el fin del mandato está fijado para el 15 de mayo de 1948, una comisión especial de la Organización de las Naciones Unidas (ONU) se encarga de encontrar una solución al problema de convivencia.

La Gran Revuelta (1936-1939).

El 29 de noviembre de 1947, la Asamblea General de la ONU vota a favor de un plan de partición que contempla el abandono de la idea de un Estado unitario, en favor de un Estado federal binacional. Así, coexistirían un estado árabe y un estado judío mientras que la administración de la capital, Jerusalén, —que obtendría el estatus de ciudad internacional— quedaría en manos de la ONU. La comunidad judía de Palestina acepta rápidamente este plan, que se corresponde perfectamente con sus expectativas. Por el contrario, los palestinos y los países árabes vecinos rechazan compartir el territorio y se oponen al plan, así como a la creación de un Estado judío, que según ellos amenazaría al islam y al equilibrio regional. Estos rechazan igualmente las reivindicaciones judías que se basan en referencias históricas o religiosas para justificar su retorno, considerado una forma de colonialismo orquestado por las potencias europeas y controlado por la ONU. Tras este rechazo, las tensiones entre los dos bandos duplican su intensidad y la guerra civil estalla oficialmente el 30 de noviembre de 1947.

LA GUERRA CIVIL DE 1947-1948

Mientras que los palestinos quieren evitar a toda costa la partición de Palestina, los judíos desean reforzar la seguridad de la zona que se les ha atribuido, aunque tengan que expulsar a las poblaciones árabes que se encuentran en los territorios en cuestión. Varios enfrentamientos tienen lugar entre milicias judías clandestinas de defensa —entre las cuales la Haganá, el Irgún y el Leji— y guerrillas palestina, entre las cuales la Jaysh-al-Jihad al-Muqaddas —que se puede traducir como «el Santo Ejército»— sostenida por voluntarios árabes que forman el Ejército de Liberación Árabe. Las fuerzas británicas, que estiman que ya han perdido a demasiados hombres, se muestran relativamente pasivas en esta guerra civil e intentan no intervenir en el conflicto mientras esperan la fecha oficial de retirada.

A partir de enero de 1948, el Ejército de Liberación Árabe se reparte en las ciudades costeras y refuerza su presencia en Galilea (norte de Israel) y en Samaria (centro de Palestina) mientras que algunos hombres de la Jaysh-al-Jihad al-Mu-qaddas organizan el bloqueo de 100 000 judíos en Jerusalén. Entonces, se pone en marcha una operación de aprovisiona-miento por parte de los israelíes para ayudarles, pero esta le cuesta la vida a muchos hombres. Asimismo, en el territorio palestino, resulta difícil circular entre las diferentes zonas judías, bastante alejadas las unas de las otras.

Aunque hasta finales del mes de marzo de 1948 la ventaja parece a favor de los palestinos, la guerra la ganan final-mente los israelíes. Sin embargo, las derrotas iniciales de la Haganá no se tienen que atribuir a una debilidad de las fuerzas judías, sino a una política de "esperar y ver" (política que consiste en posponer una decisión hasta que la situa-ción se define). La reorganización del ejército en el plano de la organización, del entrenamiento y del equipamiento, en especial gracias a la llegada de armas provenientes de Checoslovaquia en abril de 1948, permite lanzar victoriosa-mente ofensivas contra las poblaciones árabes presentes en los territorios que consideran que les corresponden. Entre principios del mes de abril y mediados de mayo de 1948, las milicias palestinas y los voluntarios árabes son vencidos.

Durante las seis últimas semanas del mandato británico, las milicias sionistas toman el control de todas las localidades mixtas, excepto Jerusalén —a la que, sin embargo, logran abastecer— y reestablecen la comunicación entre las zonas judías. Para ello, aplican el plan Dalet, plan operacional de la Haganá de marzo de 1948 que prevé la destrucción de los pueblos y ciudades árabes con el objetivo de asegurar la continuidad territorial del futuro Estado de Israel: por ejemplo, esto se lleva a cabo en Haifa el 22 de abril, en Jafa el 13 de mayo, etc. El plan estipula igualmente que, en caso de resistencia, las fuerzas armadas tienen que ser destruidas y que la población tiene que ser expulsada fuera de las fronteras del Estado judío. Centenares de miles de palestinos (entre 700 000 y 750 000 personas en total, según algunas fuentes) huyen a medida que los combates se aproximan o son perseguidos por las fuerzas judías. Entonces, emprenden el camino hacia Galilea, Samaria o los campos de refugiados instalados en los países vecinos.

El éxodo de los palestinos.

Las numerosas victorias de las tropas judías durante la guerra civil llevan al jefe sionista, David Ben Gurion, a proclamar la independencia del Estado de Israel el 14 de mayo de 1948, en la vigilia de la partida de los británicos. Esto es demasiado para los estados árabes vecinos, que no toleran esta decisión y, a partir del día siguiente, fuerzas armadas egipcias, sirias, transjordanas e iraquís penetran en el antiguo mandato británico de Palestina para poner fin a las reivindicaciones judías. En cuanto a las fuerzas palestinas que lucharon durante la guerra civil, se disuelven o se integran en los ejércitos árabes. En este momento, empieza una guerra interestatal, la guerra de Palestina.

ACTORES PRINCIPALES

DAVID BEN GURION, HOMBRE POLÍTICO ISRAELÍ

Fotografía de David Ben Gurion, 1949.

David Grün, llamado «David Ben Gurion», es un hombre político israelí, fundador del Estado de Israel, donde ocupa el puesto de primer ministro de 1948 a 1953 y de 1955 a 1963. Es una de las grandes figuras que han marcado la historia de Israel.

Nacido en Płońsk (Polonia), David Ben Gurion se instala en Palestina con 20 años pero los turcos lo expulsan del país en 1915. De vuelta en 1917, funda el primer sindicato de los trabajadores israelíes (Histadrut) en 1921, antes de convertirse en secretario general del Partido de los Trabajadores israelíes (Mapai). Asimismo, se convierte en responsable político del Yishuv (término que designa la comunidad judía de palestina en la época del mandato británico). Presidente de la Agencia judía a partir de 1935 —uno de los órganos políticos encargados de la administración del Yishuv— es también el líder de la fuerza armada Haganá, que se encuentra bajo el mando de la Agencia Judía.

Gurion se encuentra en el origen del rechazo a los planes de partición que la ONU propone en 1947 y 1948, y de la declaración de independencia del Estado hebreo el mismo año. Ministro de Defensa, dirige igualmente las Fuerzas de Defensa de Israel que crea en 1948 a partir de varios grupos armados. Incita a sus soldados a combatir y sigue de cerca las operaciones militares de las fuerzas israelíes. A este líder incontestable del bando judío se deben todas las decisiones políticas y militares importantes tomadas por el Estado israelí durante la guerra.

En 1963, se retira de la vida política y fallece en Tel Aviv en noviembre de 1973.

ABDALÁ I, REY DE JORDANIA

Fotografía de Abdalá I, rey de Jordania.

Abdallah ibn Hussein o Abdalá I de Jordania nace en la Meca en 1882. Es emir y luego rey de Transjordania de 1921 a 1949 y finalmente rey de Jordania de 1949 a 1951, año de su asesinato en Jerusalén por nacionalistas palestinos. Es el hijo de Hussein ibn Ali (*circa* 1856-1931), jerife de la Meca, rey del Hiyaz (región situada en el oeste de Arabia Saudí) y uno de los promotores de la revuelta árabe de 1916 contra los turcos. Abdalá I es el líder de una Transjordania bajo mandato británico que, a pesar de la proclamación de su independencia, se convierte en su único aliado en el Oriente Medio durante la guerra de Palestina.

Antes de la entrada en guerra en 1948, lo nombran a título honorífico comandante en jefe del Ejército de Liberación de la Liga Árabe. El papel que desempeña durante la guerra de Palestina es importante: lidera el mejor ejército del campo árabe, la Legión Árabe. Sus tropas están en todos los frentes, aunque se concentran esencialmente en Cisjordania y Jerusalén. Pero además de su importancia militar, Abdalá I ejerce una gran influencia política y diplomática. Su ambición es crear un gran Estado Árabe, la «Gran Siria», que agruparía Transjordania, Palestina, Siria y Líbano, y gracias a su ejército bien entrenado, tiene los medios para cumplir su sueño.

Sus intenciones respecto al Estado judío resultan, sin embargo, ambiguas: afirma que se opone a la creación de un Estado israelí, pero busca antes que nada impedir la de un Estado palestino para conseguir él mismo territorios. Así, quiere anexar Cisjordania, conformemente con un acuerdo aprobado en secreto con la ministra israelí de Asuntos Exteriores, Golda Meir (1898-1978). Este pacto estipula, efectivamente, que la Legión Árabe no entrará en conflicto con Israel más allá de Cisjordania, una vez el territorio haya sido conquistado. Transjordania reivindica esta región porque está formada por cerca de un 70 % de palestinos:

Abdalá I querría integrarla a su país, bajo el pretexto de que se trata de un mismo pueblo. Pero sus ambiciones territoriales evidentes crean desconfianzas y desacuerdos en el propio campo árabe, especialmente en el líder de Siria y Egipto.

El rey Abdalá I, por sus ambiciones territoriales, su importancia militar y su actitud ambigua resultante de acuerdos secretos, es uno de los personajes más importantes del bando árabe durante la guerra de Palestina.

ANÁLISIS DE LA GUERRA

LAS FUERZAS PRESENTES

La guerra de Palestina transcurre entre Israel y los países árabes vecinos, tras la proclamación de independencia del Estado judío y la derrota de los palestinos. Las fuerzas militares presentes durante este conflicto son:

- para el bando judío, las Fuerzas de Defensa de Israel;
- para el campo árabe, grupos palestinos integrados en los ejércitos vecinos (como la Jaysh-al-Jihad al-Muqaddas o Santo Ejército), en los ejércitos de estado (como el de Transjordania, la Legión Árabe), en los de Irak, Egipto, Siria, Líbano y Arabia Saudí así como en el Ejército de Liberación árabe formado por voluntarios y organizado por la Liga Árabe.

¿SABÍAS QUE...?

Las Fuerzas de Defensa de Israel fueron creadas el 26 de mayo de 1948 y en hebreo se llaman Tzáhal. Antes de la existencia del Estado judío, las fuerzas encargadas de defender al pueblo sionista eran grupos armados independientes como la Haganá, creada en los años veinte con el objetivo de defender a los emigrantes judíos contra los potenciales ataques árabes. La Haganá se encuentra en la base de la creación de las Fuerzas de Defensa de Israel y en 1948 se le unen otras fuerzas armádas clandestinas como el Leji y el Irgún.

La Legión Árabe de Transjordania está formada, durante la guerra Palestina, por alrededor de 10 000 hombres repartidos en cuatro regimientos y con el soporte de 75 blindados. Dirigida por oficiales británicos, el ejército es experimentado y está bien equipado.

Esta guerra se desarrolla en varias etapas y está marcada por dos periodos de tregua.

LOS PRIMEROS COMBATES (MAYO-JUNIO 1948)

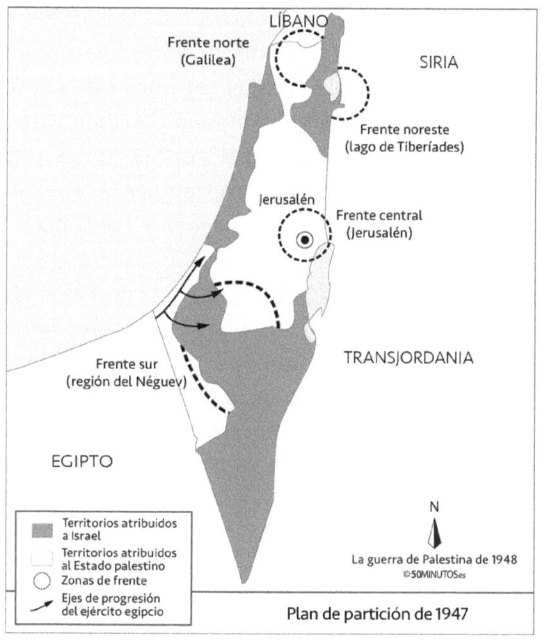

Del 15 de mayo al 11 de junio de 1948, las fuerzas árabes pasan a la ofensiva tras la proclamación de independencia de Israel:

- en el frente central (alrededor de Jerusalén), el más activo durante la guerra, la batalla de Jerusalén enfrenta a los israelíes con la Legión Árabe transjordana. La toma del barrio judío de la Ciudad Vieja representa una importante pérdida en el plano simbólico. Los ejércitos transjordanos, que no pueden entrar en él por la fuerza, asedian otros barrios judíos de Jerusalén. En los pueblos de los alrededores —en especial en Latrún— tienen lugar varias batallas para hacer aprovisionar a la ciudad de hombres, material y alimentos, necesarios para los israelíes. Estas operaciones resultan igualmente útiles para mantener vías de comunicación entre las regiones que controlan. Las tropas transjordanas también se concentran en Samaria para tomar el control político de la región y anexionarla. A continuación, los iraquíes las reemplazan en algunas ciudades para permitirles concentrarse en Latrún y Jerusalén;
- en el frente noreste (alrededor del lago de Tiberíades) se encuentran las tropas sirias y transjordanas, pero esta región sigue bastante tranquila;
- en el frente norte (en Galilea), controlado por componentes del Ejército de Liberación Árabe, la situación territorial evoluciona poco y los israelíes, aunque con una ventaja en esta región, no llegan a sacar provecho de ella para reforzar su enclave en Galilea central y conectar Nazaret.
- en el frente sur (en la región del Néguev), el ejército egip-

cio no encuentra demasiada oposición y se despliega en tres direcciones: a lo largo de la costa (la actual franja de Gaza), al norte del Néguev y hacia Judea, donde la presencia judía es bastante débil, lo que facilita el despliegue de los egipcios así como el de los transjordanos, que tienen objetivos expansionistas en la región.

Durante este periodo no se produce ningún éxito decisivo, pero contabilizamos la pérdida de 1 600 israelíes —entre los que hay 1 200 soldados— y 1 400 muertos del bando palestino. Desde el punto de vista territorial, varias ciudades y pueblos situados fuera de las fronteras establecidas por el plan de partición son tomados por los israelíes. A la inversa, 12 pueblos árabes que supuestamente deberían pertenecer al Estado hebreo escapan de su autoridad. El 11 de junio, en una situación extrema, los dos campos terminan por aceptar la tregua que el 22 de mayo propone el mediador de la ONU, Folke Bernadotte af Wisborg (1895-1948).

LA PRIMERA TREGUA (11 DE JUNIO-8 DE JULIO DE 1948)

Los israelíes aceptan la tregua porque necesitan tiempo para obtener el armamento pesado comprado en Europa; Transjordania, por su parte, la acepta satisfecha de haber alcanzado una parte de sus objetivos, mientras que los otros países árabes la rechazan en un primer tiempo. Después, viendo que su avance está bloqueado, terminan aceptando el alto al fuego. Para impedir que cualquiera de ambos campos se haga fuerte durante este periodo, la ONU decreta un embargo de armas. Pero Israel, que consigue provisiones de forma clandestina por parte del bloque del Este desde 1947, consigue eludirlo y hace que lleguen armas de Checoslovaquia. El Estado hebreo ve no solamente cómo aumenta su potencial militar, sino también cómo su ejército se reorganiza para volverse más eficaz: sus tropas terminan más fuertes en especial gracias a una formación y a un entrenamiento intensivos. Los ejércitos árabes, por su parte, dependen materialmente de Gran Bretaña, lo que les impide reabastecerse.

Entretanto, el mediador Folke Bernadotte af Wisborg establece un nuevo plan de partición que concede Galilea a los judíos y el Néguev a los árabes. Pero el rechazo del proyecto pone fin a la tregua y hace que los dos bandos vuelvan a sumirse en la guerra el 8 de julio de 1984.

VUELVEN LAS HOSTILIDADES: LA CAMPAÑA DE LOS DIEZ DÍAS (8-18 DE JULIO DE 1948)

Los israelíes, con el beneficio de poseer tropas más aguerridas, cambian de estrategia pasando más a la ofensiva. Se lanzan tres operaciones en diez días:

- la operación «Dani» incumbe al centro del país y tiene como objetivo volver más seguro y ampliar el pasaje entre Jerusalén y Tel Aviv. Las ciudades de Lod y de Ramla son tomadas, mientras que Latrún y Ramla resisten. La conquista de Lod está marcada por una importante masacre (desmentida hoy en día por Israel): 250 civiles habrían sido ejecutados y cerca del 70 % de los habitantes habrían sido expulsados;

- la operación «Dekel» transcurre en el norte y prevé la captura de Galilea en dos fases. La primera consiste en tomar la ciudad de Nazaret, el 16 de julio, y la segunda en tomar los pueblos que la rodean. De este modo, el 18 de julio, los israelíes ocupan todo el sur de Galilea;
- la operación «Kedem» tiene como objetivo retomar el control total de Jerusalén y, sobre todo, de los barrios viejos que habían pasado a manos de los transjordanos. Pero la ciudad sigue siendo jordana hasta el 1967 (guerra de los Seis Días).

SEGUNDA TREGUA (18 DE JULIO-15 DE OCTUBRE DE 1948)

Las derrotas se encadenan para los árabes, mientras que la campaña de los diez días se considera un verdadero éxito para Israel. Ante la urgencia de la situación, el Consejo de Seguridad de las Naciones Unidas pide una nueva tregua y los diplomáticos intentan elaborar un plan de partición que podría satisfacer a todos los actores. Folke Bernadotte af Wisborg presenta entonces su proyecto, que propone:

- anexionar las zonas árabes como el Néguev así como las ciudades de Lod y Ramla a Transjordania;
- ocupar Galilea —los israelíes;
- poner la zona costera y de Jerusalén bajo control internacional;
- repatriar a los refugiados palestinos.

Un plan como ese marca el abandono de la idea de un Estado palestino. El estado judío ocuparía entonces Galilea, mientras que el paso entre la zona costera y Jerusalén estaría bajo control internacional. En cuanto a los refugiados palestinos, serían repatriados. Este plan también se rechaza, puesto que los países árabes, que rechazan la existencia de un Estado judío, no quieren ver cómo Transjordania se aprovecha de la situación para anexionar territorios de la antigua Palestina. Los israelíes estiman que este plan es muy poco favorable para ellos, especialmente porque están ganando la guerra. Después de varias amenazas, el mediador de la ONU es asesinado por un grupúsculo del Leji el 17 de septiembre. Lo sustituye el estadounidense Ralph Johnson Bunche (1904-1971) quien, en vez de proponer planes de partición, favorece los periodos de alto el fuego. Al día siguiente del asesinato, las últimas unidades del Irgún que todavía existen —aunque no tengan nada que ver con el crimen cometido— y las del Leji se disuelven, para prevenir otros actos terroristas, y se integran a las Fuerzas de Defensa de Israel. El proceso de integración de las diferentes milicias en un gran ejército israelí iniciado con la primera tregua se acaba entonces.

En esta segunda tregua el ejército israelí vuelve a tener la ocasión de reforzar su número de efectivos y de llevar a cabo reorganizaciones para mejorar la eficacia de sus fuerzas militares. Las debilidades de los árabes (los problemas de coordinación, de entrenamiento y de mando), sin embargo, no se han resuelto, por lo que se encuentran realmente en inferioridad numérica.

SE REANUDAN LOS COMBATES POR ÚLTIMA VEZ (15 DE OCTUBRE DE 1948-JUNIO DE 1949)

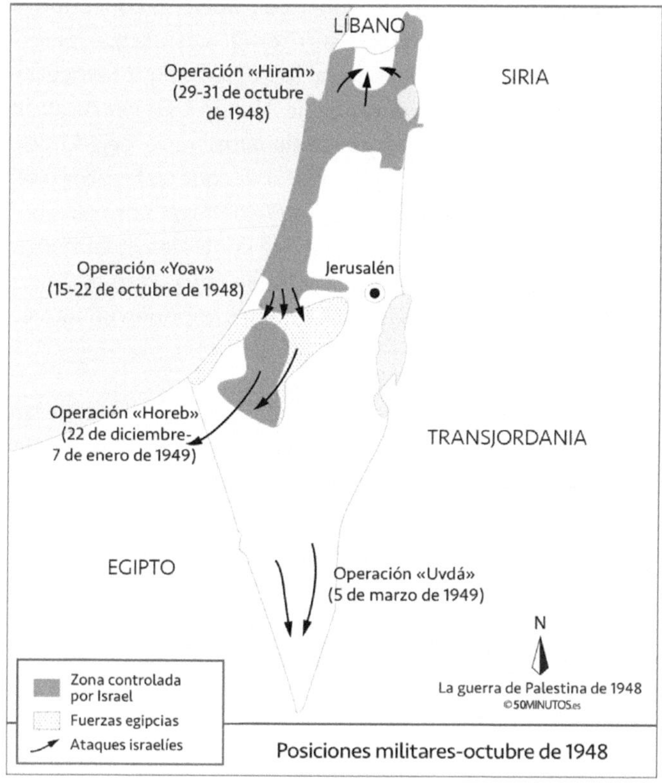

Este periodo está marcado por una consolidación de la empresa territorial de los israelíes en Palestina.

En la región desértica del Néguev, algunos asentamientos

judíos son rodeados por el ejército egipcio, lo que impide su anexión al Estado judío. El 15 de octubre de 1949 se lanza la operación «Yoav», que consiste en terminar con este círculo que rodea los asentamientos y volver a conectarlos para crear una continuidad territorial. Un ataque aéreo israelí complica las cosas para los egipcios y provoca la intervención de la Legión Árabe de Abdalá I. En vez de abrir un segundo frente, esta intenta llenar el vacío dejado por los egipcios que se retiran para evitar ver que su territorio se parte en dos por culpa de un ataque enemigo. Los transjordanos extienden su territorio, ya que controlan igualmente Samaria (norte de Cisjordania) y Judea (sur). Pero el 22 de octubre, los organismos internacionales imponen un alto el fuego.

A partir del 28 de octubre, los israelíes intentan recuperar los enclaves árabes que todavía se les escapan, pero que parecen vulnerables, ya que los defienden voluntarios del Ejército de Liberación y no un ejército de Estado. Aprovechando el alto el fuego con los transjordanos y los egipcios en el Néguev, los judíos concentran sus acciones en esta región y lanzan la operación «Hiram», que permite perseguir a los hombres del Ejército de Liberación hacia el Líbano. Los israelíes aprovechan la ocasión para penetrar en territorio libanés.

El 22 de diciembre se lleva a cabo una segunda acción en el norte del Néguev. Gracias a la operación «Horeb», los israelíes invaden el territorio de la actual franja de Gaza para distraer y permitir una entrada discreta de una parte de sus fuerzas al sur, cerca del Sinaí egipcio. Pero esto no se le escapa a Gran Bretaña, que amenaza con intervenir en virtud de los acuerdos que tiene con Egipto. Los israelíes, entonces, se ven obligados a evacuar el Sinaí. Todo el norte del Néguev, sin embargo, sigue en sus manos, excepto un enclave egipcio, que resiste y causa numerosas pérdidas para las Fuerzas de Defensa de Israel.

Operación «Horeb».

En el resto de la región, la situación es tranquila durante una parte de la guerra de Palestina. Puesto que los planes de partición atribuyen esta región a los israelíes, estos no hacen de ello una prioridad absoluta, especialmente porque este territorio alargado está atrapado entre los ejércitos egipcio y transjordano. Mientras que se firma un alto el fuego con los primeros, los segundos lo rechazan: los israelíes lanzan entonces la operación «Uvdá» el 5 de marzo de 1949. El objetivo de los transjordanos, sin embargo, es permanecer igual manteniendo Cisjordania, y no reavivar la guerra con los israelíes. Por eso, aceptan negociar un alto el fuego a partir de enero y retirarse del Néguev. Muchos consideran que, el 10 de marzo, la izada de la bandera israelí en la estación de policía de Umm Rashrash simboliza el fin de la guerra en Palestina.

Las tropas iraquíes y transjordanas controlan la región del noroeste de Samaria. Los combates cesan en esta región desde la segunda tregua porque los israelíes quieren concentrar sus fuerzas en la región del Néguev y de Galilea. Israel establece entonces con Transjordania un acuerdo parcial de partición de territorios en 1947, y puesto que se trata de los dos mejores ejércitos que toman parte en el conflicto, un enfrentamiento directo es un riesgo que no están preparados para correr.

Entonces, se inician negociaciones (oficiales a partir de finales del mes de febrero de 1949 en Rodas) para este territorio: los israelíes no solamente desean la retirada de las tropas iraquíes, sino también de algunos pueblos a cambio de dos amplias zonas, llamadas más tarde el «Triángulo». Abdalá I de Jordania cede a las exigencias de los israelíes y se firma un armisticio el 30 de marzo. El traspaso de la autoridad transcurre con calma y solamente los refugiados palestinos presentes en territorio jordano son expulsados. Israel acaba, así, fijando las fronteras que serán suyas hasta 1967.

Mientras que los iraquíes rechazan tomar parte en las negociaciones, los acuerdos de Rodas desembocan en la conclusión de cuatro armisticios firmados en el 1949: Israel lo firma con Egipto el 24 de febrero, con Líbano el 23 de marzo, con Jordania el 3 de abril y con Siria el 20 de julio, fecha oficial del fin de la guerra de Palestina. Las consecuencias de la victoria israelí son múltiples.

¿SABÍAS QUE...?

Aunque el mito del combate de un David judío contra un Goliat árabe gigante haya sido vigente durante muchos años, los historiadores están de acuerdo hoy al afirmar que las fuerzas que se enfrentaron eran iguales en número (19 000 judíos contra 23 000 árabes). La diferencia radicaba así en el hecho de que el ejército israelí tenía más experiencia (muchos soldados habían combatido al lado de los británicos durante la Segunda Guerra Mundial), estaba mejor entrenado y mejor dirigido.

Incluso con el apoyo de la Legión Árabe de Transjordania, considerada el mejor ejército en la región, el bando árabe tiene que enfrentarse a disensiones en el seno de sus diferentes componentes: por un lado se encuentran los países pro-hachemíes, dinastía de la que vienen los reyes de Transjordania y de Irak, y por otro lado, los países anti-hachemíes: Egipto, Siria, Arabia Saudí y Líbano. A todo esto se añaden las desconfianzas entre los países ligadas a las políticas ambiguas llevadas a cabo por algunos dirigentes, como Faruq I, rey de Egipto (1920-1965), que afirma que está dispuesto a negociar con Israel con la condición de obtener el control de la franja de Gaza, o incluso Abdalá I, que negocia secretamente la anexión de Cisjordania. Así pues, estos ejércitos están menos equipados y entrenados, y padecen una falta de estrategia común y de coordinación táctica entre las distintas fuerzas armadas. Por eso los israelíes, mejor preparados, ganarán la guerra de Palestina.

REPERCUSIONES DE LA GUERRA

FRACASO DE LA CONFERENCIA DE LAUSANA

Además de las negociaciones de armisticio, la Comisión de Conciliación para Palestina organiza la conferencia de Lausana, que tiene lugar del 27 de abril al 15 de septiembre de 1949, para solucionar los problemas derivados del conflicto palestino-israelí. Mientras que los refugiados piden la autorización para volver a la región donde vivían antes, Israel mantiene sus posiciones y rechaza la modificación de sus nuevas fronteras. Las tentativas de conciliación terminan de nuevo en un fracaso.

CONSECUENCIAS TERRITORIALES

Los acuerdos de Rodas reconocen los cambios territoriales que resultan de la guerra:

- el Estado de Israel toma Galilea, la costa hasta Gaza, Jerusalén Oeste y la región del Néguev. El territorio israelí aumenta así un tercio en relación con el asignado inicialmente por la ONU. Los israelíes poseen un 77 % del territorio, en vez del 55 % que le otorgaba el plan de partición de 1947. En efecto, 6700 km² que tendrían que haber pertenecido a los palestinos son anexionados u ocupados;
- la franja de Gaza es administrada por Egipto hasta 1967, año en el que Israel recupera el territorio;
- Transjordania, que toma el nombre de Jordania, ocupa Jerusalén Este y el 24 de abril de 1950 anexiona oficial-

mente Cisjordania, que pasa a estar bajo control israelí tras la guerra de los Seis Días, en 1967.

La idea de crear un Estado palestino parece que se abandona a partir de entonces y la ONU valida los cambios territoriales sin hacer ya referencia a los planes de partición iniciales. No obstante, ninguna de las dos partes considera estas fronteras como definitivas. Se cuestionarán en numerosas ocasiones y comportarán otros conflictos ulteriores entre Israel y sus vecinos (crisis del canal de Suez, guerra de los Seis Días, guerra del Yom Kipur).

CONSECUENCIAS DEMOGRÁFICAS

Las pérdidas humanas son importantes para los combatientes: se cuentan 5 800 muertos y alrededor de 12 000 heridos en las filas israelíes y alrededor de 4 000 soldados en el bando árabe y entre 13 000 y 20 000 palestinos. Cabe destacar que las cifras varían mucho de un estudio a otro y que en el bando palestino, el número de víctimas nunca se ha contado de forma exacta.

Además de este pesado balance de víctimas humanas, la guerra comportó un éxodo masivo de alrededor de 700 000 palestinos (las fuentes varían de 530 000 a 900 000 refugiados) que se instalan sobre todo en Cisjordania, en la franja de Gaza, en Líbano y en Siria. Existen varios motivos para realizar estos desplazamientos: la violencia de los combates, el desmoronamiento de la sociedad palestina, la dimisión de los líderes palestinos, la partida de los líderes políticos, las expulsiones por los judíos o incluso las órdenes de evacuación del Alto Comité Árabe. Este éxodo se encuentra en el origen de la problemática actual de los refugiados palestinos, una de las cuestiones de mayor importancia de los conflictos árabe-israelí y palestino-israelí. En cuanto a las causas y las circunstancias de este éxodo, no cesan de ser objeto de controversia entre los historiadores. La apertura de los archivos israelíes en el 1980, sin embargo, permitió evaluar la cuestión, pero los debates todavía no se han acabado.

Así, entre migraciones, cambios de nacionalidad vinculadas a las anexiones (así, en Cisjordania, los habitantes tomaron la nacionalidad jordana) y formación de diásporas palestinas en los otros países, el poblamiento de la región se ve completamente alterado.

CONSECUENCIAS POLÍTICAS

Los Estados árabes sufren grandes dificultades tras el fracaso de la guerra y los regímenes políticos se desestabilizan: se señalan la corrupción y la debilidad de los ejércitos. Además, varios responsables políticos son asesinados o derrocados: el primer ministro egipcio es asesinado a finales de diciembre de 1948, y Abdalá I de Jordania el 20 de julio de 1951; paralelamente, los presidentes sirio y egipcio son derrocados tras golpes de Estado que suceden, respectivamente, en marzo de 1949 y en julio de 1952.

Tras el conflicto, el ejército israelí se afirma como una potencia militar muy importante en la región. Gran Bretaña abandona definitivamente Palestina y la degradación de sus relaciones con los países árabes la empuja a marcharse de las zonas en las que todavía dispone de una presencia militar (Egipto, Irak y Jordania). En Israel, el Partido de los Trabajadores israelíes (Mapai), dominante ya antes de la guerra, gana popularidad, lo que le permite mantener el poder durante los siguientes treinta años, hasta que el Likud (partido nacionalista) gana las elecciones en 1977.

La guerra de Palestina es, así, el primer conflicto de una larga serie que tendrá lugar entre judíos y árabes. Todavía hoy, la situación entre Israel y sus vecinos es tensa, y sus relaciones conflictivas con Palestina no parece que vayan a mejorar en un futuro próximo. De hecho, las dos comunidades todavía no han logrado entenderse en el asunto de las fronteras y de la contigüidad de sus territorios, ni en el de los refugiados desplazados durante el conflicto. Igualmente, existen otros puntos polémicos como el reconocimiento mutuo de los dos pueblos, la creación de un Estado palestino junto con Israel, o incluso el estatus de Jerusalén y el control de sus lugares santos. El conflicto árabe-israelí ocupa hoy todavía un lugar mayor en la geopolítica del Oriente Próximo cuyos desafíos están estrechamente vinculados con los acontecimientos de la guerra de Palestina.

EN RESUMEN

1947

29 nov.: Plan de partición de Palestina
30 nov.: Inicio de la guerra civil

1948

14 may.: Proclamación de
la independencia de Israel
15 may.: Inicio de la guerra de Palestina
11 jun.: Primera tregua
8 jul.: Inicio de la campaña de los diez días
18 jul.: Segunda tregua
15 oct.: Reanudación de las operaciones
israelíes

1949

24 feb.: Firma del primer armisticio
20 jul.: Fin oficial del conflicto;
firma del cuarto armisticio

La guerra de Palestina de 1948 © 50MINUTOS.es

- Palestina está bajo mandato británico desde 1922.
- Frente a las revueltas de las poblaciones locales, los británicos anuncian que se retirarán del territorio el 15 de febrero de 1948.
- Las tensiones entre palestinos e israelíes aumentan: cada uno de ellos reivindica la ocupación del territorio, en una escalada de violencia que culminará en la guerra civil, de 1947 a 1948.
- El 14 de mayo de 1947, en la víspera de la retirada de los británicos, David Ben Gurion proclama la independencia

de Israel, lo que provoca una intervención militar de los países árabes vecinos; de este modo, empieza la guerra de Palestina.

- El conflicto interestatal está marcado por dos periodos de treguas durante las que comienzan negociaciones.
- La victoria israelí lleva a la firma de los acuerdos del Armisticio de Rodas, el 24 de febrero de 1949, poniendo fin a esta primera guerra del conflicto palestino-israelí.
- No obstante, existen numerosas cuestiones —en especial territoriales, pero también las que tratan de las poblaciones desplazadas— que no se han solucionado y todavía hoy representan un problema.

¡Tu opinión nos interesa!
¡Deja un comentario en la página web de tu librería en línea,
y comparte tus favoritos en las redes sociales!

PARA IR MÁS ALLÁ

FUENTES BIBLIOGRÁFICAS

- Abitbol, Michel. 2005. *Juifs et Arabes au xxe siècle*. París: Perrin, colección *Temmpus*.
- Carré, Olivier. 1991. *L'Orient arabe aujourd'hui*. Bruselas: Complexe.
- Chaigne-Oudin, Anne-Lucie. "Premier conflit israélo-arabe de 1948". Les clés du Moyen-Orient. Consultado el 19 de agosto de 2013. http://www.lesclesdumoyenorient.com
- Cordellier, Serge. 2005. *Le dictionnaire historique et géographique du xxe siècle*. París: La Découverte, colección *La Découverte/Poche*.
- Encyclopédie Larousse, "David Ben Gourion". Consultado el 27 de agosto de 2013. http://www.larousse.fr/encyclopedie/personnage/David_Gruen_dit_David_Ben_Gourion/98857
- *Larousse. 1993. L'Histoire du monde: Le monde en guerre, de 1940 à 1959*. París: Larousse.
- CADTM, "Le conflit israélo-palestinien: un siècle d'histoire en 15 minutes". Consultado el 27 de agosto de 2013. http://cadtm.org/IMG/pdf/historique_conflit_is-raelo-palestinien.pdf
- Pappé, Ilan. 2000. *La guerre de 1948 en Palestine. Aux origines du conflit israélo-arabe*, París: La Fabrique.
- Venayre, Sylvain. "Indépendance d'Israël, proclamation de l'(1948)". *Encyclopædia Universalis*. Consultado el 20 de agosto de 2013. http://www.universalis.fr/encyclopedie/proclamation-de-l-independance-d-israel/

FUENTES COMPLEMENTARIAS

- Barnavi, Elie. 1991. Une histoire moderne d'Israël. París: Flammarion, colección *Champs*.
- Boutros-Ghali, Boutros y Shimon Peres. 2006. 60 ans de conflit israélo-arabe. Témoignages pour l'Histoire. Bruselas: Complexe.
- Gelber, Yoav. 2006. Palestine 1948. Guerre d'indépendance ou catastrophe?. Brighton: Sussex Academic Press.
- Gresh, Alain y Dominique Vidal. 2003. *Les 100 clés du Proche-Orient*. París: Hachette.
- Gresh, Alain y Dominique Vidal. 1994. *Palestine. 1947. Un partage avorté*. Bruselas: Complexe.
- Laurens, Henry. 2007. *La question de Palestine. Tome troisième. 1947-1967. L'accomplissement des prophéties*. París: Fayard.
- Morris, Benny. 2008. *1948*. Londres: Yale University Press.
- Morris, Benny. 2003. Histoire revisitée du conflit arabo-sioniste. Bruselas: Complexe.
- Morris, Benny. 1987. *The Birth of the Palestinian Refugee Problem (1947-1949)*. Cambridge: Cambridge University Press.
- Rogan, Eugène y Avi Shlaim. 2002. 1948. La guerre de Palestine. Derrière le mythe. París: Autrement.

PELÍCULAS Y DOCUMENTALES

- *Éxodo*. Dirigida por Otto Preminger, con Paul Newman, Eva Marie Saint y Ralph Richardson. Estados Unidos:

Otto Preminger Films, 1960.

- *La sombra de un gigante*. Dirigida por Melville Shavelson, con Kirk Douglas, Senta Berger y Yul Brynner. Estados Unidos, 1967.
- *Kedma*. Dirigida por Amos Gitaï, con Andrei Kashkar, Menachem Lang y Nikol Varom. Israel, 2001.
- *Ô Jérusalem*. Dirigida por Élie Chouraqui, con Saïd Taghmaoui, JJ Feild y Patrick Bruel. Francia, 2006.
- *The Sons of Eilaboun*. Película documental dirigida por Hisham Zreiq. Palestina, 2007.